AF299155

L'ENSEIGNEMENT DU DROIT ROMAIN

SON UTILITÉ, SON ÉTAT ACTUEL

E. JOBBÉ-DUVAL

Professeur à la Faculté de Droit de l'Université de Paris

L'ENSEIGNEMENT DU DROIT ROMAIN

SON UTILITÉ, SON ÉTAT ACTUEL

Cette brochure ne peut être mise dans le commerce

(Extrait de la Revue Internationale de l'Enseignement)

PARIS

LIBRAIRIE MARESCQ AINÉ

A. CHEVALIER-MARESCQ & Cie, ÉDITEURS

20, RUE SOUFFLOT, 20

1904

L'ENSEIGNEMENT DU DROIT ROMAIN

SON UTILITÉ, SON ÉTAT ACTUEL (1)

I

Depuis la promulgation du *Code civil* en 1804, les règles du droit romain ne s'imposent jamais, dans notre pays, à la conscience du juge, tandis qu'à défaut de texte contraire, elles s'appliquaient dans une notable partie de l'Allemagne, en Bavière et en Wurtemberg notamment, avant le 1er janvier 1900, époque de la mise à exécution du *Bürgerliches Gesetzbuch für das deutsche Reich* (2).

Introduit au xve siècle, grâce à l'influence exercée par les universités sur les cours de justice, différant du reste dans une assez large mesure de la législation de Justinien par suite d'un travail d'adaptation et d'interprétation, le droit romain moderne (3) comprenait une notable partie du droit privé et régissait encore seize millions cinq cent mille Allemands, malgré les limitations successives de son domaine.

(1) Voyez Ch. Appleton, *Observations sur la méthode dans l'enseignement du droit en général, du droit romain en particulier et sur les réformes adoptées en 1889* dans cette *Revue*, t. XXI, 1891, p. 235 et suiv., et les articles cités, notamment ceux de M. Edouard Cuq et de M. Saleilles. Voyez aussi A. Esmein, *La licence en droit et le droit romain* (*Revue*, t. XLIV, 1902, p. 288 et suiv.).

(2) Promulgué avec la loi d'introduction le 18 août 1896, pour entrer en vigueur le 1er janvier 1900.

(3) *Usus modernus pandectarum, usus modernus juris romani in foro germanico, Pandektenrecht, rezipirtes roemisches Recht, heutiges roemisches Recht, geltendes roemisches Recht*. Sur l'histoire du droit romain moderne voyez notamment Gierke, *Deutsches Privatrecht*, t. I, 1895, p. 8 et suiv. et Lambert, *La fonction du droit civil comparé*, Paris, 1903, I, p. 65 et suiv. dont nous signalons le remarquable exposé.

L'orgueil national supportait avec impatience, surtout depuis la fondation de l'Empire, cette soumission à « un droit étranger » (1) et ce sentiment qui se manifestait presque à chaque séance du Reichstag se trouvait aussi exprimé dans les livres des professeurs de droit privé allemand (*Deutsches Privatrecht*), adversaires des professeurs de Pandectes.

Pour la plupart des historiens du droit, croyons-nous, les universités et les cours de justice ne disposaient pas, en Allemagne, au xve siècle, d'autres moyens de réaliser des réformes et, à l'époque où elle se produisit, l'adoption de la législation romaine constitua un progrès considérable. En France, nos grands jurisconsultes surent, eux aussi, mettre à profit les modèles que leur offraient les textes romains; sans doute ils eurent le mérite de donner à leur doctrine une forme française, de fondre en un seul tout les institutions d'origine nationale et les institutions d'origine romaine, de créer en un mot une science du droit français; mais, au fond des choses il n'y avait pas si grande différence, avant 1789, entre la pratique judiciaire allemande et la pratique judiciaire française (2). Si la théorie des obligations demeura jusqu'à la fin la partie essentielle du *Pandektenrecht,* dans le Nord de la France comme dans le Midi cette théorie était romaine dans une très large mesure. Nos jurisconsultes français, eux aussi, avaient abandonné, en cette matière, les traditions nationales, que M. Esmein (3) retrouvait naguère dans le *Livre de Jostice et de Plet,* préférant avec raison la législation savante et humaine des Papinien, des Paul, des Ulpien.

Quoi qu'il en soit, écartons du problème cet élément qui lui est étranger et qui le complique sans profit (4). Il y a plus de trois

(1) M. R. Saleilles, *Mélanges de droit comparé,* I. *Introduction à l'étude du droit civil allemand,* Paris, 1904, p. 6, dit avec grande raison, selon nous : « Le patriotisme un peu jaloux et quelque peu ingrat de l'Allemagne moderne semble supporter assez mal la longue domination dans le passé de ce droit étranger. On oublie que, cette unité tant souhaitée et si laborieusement acquise au xixe siècle, le droit romain l'avait réalisée, sous une forme à la fois scientifique, simple et pratique, à laquelle l'Allemagne moderne a dû tout le merveilleux développement doctrinal de son école juridique ».

(2) Nous n'oublions pas, bien entendu, que la rédaction officielle de nos coutumes françaises au xvie siècle contribua à leur conservation.

(3) *Etudes sur les contrats dans le très ancien droit français,* Paris, 1883.

(4) « Dans le midi de la France il a constamment existé un désaccord beaucoup plus grand entre la jurisprudence et les mœurs que dans le nord ; la science du droit civil y a été moins féconde et cela s'explique assez par l'autorité qu'y a officiellement conquis le droit romain », dit M. Ed. Lambert, *op. laud.,* p. 65. Quand même cette appréciation serait exacte, elle ne présenterait plus aujourd'hui qu'un intérêt d'ordre historique. Notre cher collègue et ami nous permettra en outre de lui rappeler que Cujas naquit à Toulouse, Annibal Fabrot, ce jurisconsulte érudit du xviie siècle, trop oublié aujour-

cents ans, notre grand Guy Coquille appelait les coutumes : « notre
droit civil, droit commun et originaire et non survenu ou adven-
tice » et il ajoutait : « Aussi nous n'alléguons les loix des Romains
que pour la raison qui y est » (1). Le droit romain est une législation morte et il ne s'agit nullement de l'enseigner comme une législation vivante.

II

Allons plus loin : il ne s'agit pas davantage de le présenter
comme un modèle suprême, comme un droit révélé, s'imposant à
l'admiration de tous et échappant à toute critique (2). Les praticiens
du Moyen-Age furent saisis d'étonnement et d'admiration lorsque les
professeurs de l'université de Bologne eurent au XIIe siècle, appelé
l'attention sur la compilation de Justinien ; ils y trouvaient en
effet une législation plus savante, plus équitable, moins étroite que
les coutumes primitives appliquées dans les tribunaux de leur pays.
Loin de constituer un progrès, le retour aux idées romaines serait
souvent aujourd'hui un recul. « Par le droit romain, mais au delà

d'hui, à Aix-en-Provence, que l'identité presque complète des pays de droit
écrit et des pays de langue d'oc ne paraît pas un effet du hasard, qu'il convient de tenir compte de la centralisation française et de l'influence de Paris
et enfin qu'au moment des travaux préparatoires du Code civil les représen-
tants du Midi défendirent auec vigueur leurs institutions, loin de les combat-
tre. La seule chose qui importe à notre point de vue, c'est du reste que, sans
le droit romain, Beaumanoir n'aurait pas écrit au XIIIe siècle les *Coutumes de
Beauvaisis*, que le droit commun coutumier ne se fût pas fondé au seizième,
que l'œuvre de Pothier enfin n'existerait pas.

(1) *Questions, Réponses et Méditations sur les articles des Coutumes*,
question 1, *Œuvres*, Bordeaux, 1703, t. II, 2e partie, p. 125 et suiv.

(2) Nous n'avons donc pas à tenir compte de l'article publié par J. Garat dans
le *Mercure de France*, en 1785, article immédiatement réfuté par Jean-François
Berthelot, alors docteur agrégé à la Faculté de droit de Paris et qui après la
réorganisation des Ecoles en l'an XII devait être le premier professeur de
droit romain de cette Faculté (*Réponse à quelques propositions hasardées par
M. Garat contre le droit romain dans le Mercure de France* du 19 février 1785,
Paris, 1785). Ce fut cependant à l'article de Garat qu'un professeur de droit
commercial de la Faculté de Paris, M P. Bravard-Veyrières emprunta en 1837
la plupart des arguments de son opuscule : *De l'étude et de l'enseignement du
droit romain et des résultats qu'on peut en attendre*. Que Tribonien fût ou non
vénal, peu nous importe, dirons-nous ; car aucune législation ne fut moins
arbitraire que celle de Justinien. Après avoir d'ailleurs attaqué à côté pendant
249 pages l'enseignement du droit romain, M. Bravard-Veyrières donne les
vrais motifs de son étude, p. 250 et il adhère à un éloge de cette législation,
éloge d'une langue pompeuse mais fort exact emprunté à M. Lerminier. Voyez
enfin p. 334 et 335. Nous nous reprocherions du reste, de ne pas livrer géné-
reusement aux adversaires de nos études le joli mot de *Mythologie du droit*,
employé p. 229 par Bravard-Veyrières qui visait probablement Ortolan, après
avoir vivement attaqué du Caurroy, quelques pages plus haut.

du droit romain », disait lhering. L'une des principales utilités de son enseignement consistant à montrer comment naît le droit et comment il se développe par suite des transformations incessantes des sociétés humaines (1), son but ne saurait être d'arrêter les discussions législatives, ni d'empêcher les réformes. Tout au plus, les historiens du droit romain se permettraient-ils de rappeler aux publicistes et aux législateurs contemporains que le peuple romain sut allier l'esprit de tradition à un esprit de progrès toujours en éveil et que là se trouve le secret de sa grandeur. Cette constatation faite, ils n'ont qu'à céder la place aux économistes, aux professeurs de droit comparé, à tous ceux qui s'occupent de la critique des institutions. Que certains catholiques d'une part, que certains collectivistes de l'autre cessent donc d'attaquer le droit romain au nom de leur idéal; qu'ils défendent des solutions meilleures que les siennes, le champ leur est ouvert ; mais il importe encore ici de ne pas confondre une question avec une autre.

III

Le droit romain apparaît aujourd'hui comme une branche de l'histoire générale du droit. Quand nous l'envisageons ainsi, nous voulons dire simplement que la méthode historique doit seule être appliquée à son étude, proclamant bien haut les avantages tout particuliers que celle-ci présente, avantages sur lesquels nous insisterons dans un instant. Comme le constate avec raison M. Ch. Appleton (2) : « Non-seulement il n'existe pas d'école, mais je ne crois pas que l'on puisse trouver un seul professeur de droit romain qui entende sacrifier ou rejeter à l'arrière plan son utilité au point de vue de la formation de l'esprit juridique. Bien loin de là ! L'un des résultats les plus heureux que l'on compte obtenir en appliquant largement la méthode historique au droit romain, c'est de le perfectionner comme instrument d'éducation ». On ne saurait mieux dire. Que l'on n'essaie pas du reste de nous mettre en opposition avec notre éminent et cher collègue, parce qu'il parle de large application de la méthode historique et nous d'emploi exclusif de cette méthode ! Pure affaire de mots, on va le voir !

Si nous devons interpréter le droit romain comme un phénomène

---

(1) Un éminent économiste, peu suspect d'être le représentant des idées rétrogrades, M. Courcelle Seneuil insiste avec beaucoup de force sur cette fonction essentielle de l'étude du droit romain, *Préparation à l'étude du droit*, p. 305.

(2) *Op. laud.*, p. 254.

historique, nous exposerons ses règles en distinguant avec soin suivant les époques et en recherchant quelles furent les causes sociales, politiques, économiques et morales de ses transformations successives; en d'autres termes, nous nous efforcerons de retracer le mouvement des idées, de donner le spectacle de la vie juridique (1). N'ayant plus le souci d'améliorer d'une façon indirecte la législation de notre pays, notre seul but sera de rechercher la véritable pensée des jurisconsultes romains et de la juger d'une façon équitable, loin de chercher pour la justifier dans tous les cas des arguments empruntés à nos conceptions modernes. Historiens en même temps que jurisconsultes, les principes de la critique historique s'imposeront à nous et nous ne croirons pas faire œuvre d'érudition vaine en essayant de découvrir les interpolations du Digeste et les sources des Institutes de Justinien, ou en mettant à profit tous les textes, quelle que soit leur nature. Convaincus de l'étroite connexité de toutes les institutions du droit privé à une époque déterminée, nous nous refuserons à restreindre notre examen à certaines théories jugées *a priori* particulièrement propres à former des jurisconsultes (2). L'histoire de l'organisation judiciaire

(1) « Grâce à la méthode historique, au contraire, cette étude (celle du droit romain) devient une véritable étude de psychologie où il n'y a rien d'immobile ni rien d'arbitraire. On assiste en quelque sorte à un perpétuel et progressif enfantement, au lieu de critiquer le droit romain parce qu'il a été tel, on recherche, ce qui est beaucoup plus philosophique, comment il est devenu tel ; on en comprend les variations et les manières d'être successives, en même temps qu'on s'initie plus profondément aux lois générales du développement humain ; et de cette étude, comme de toute étude historique bien conduite, on retire une foi sincère au progrès... ». Ainsi s'exprimait notre regretté maître, M. C. Accarias, dans sa très belle notice nécrologique sur le président Bonjean (*Revue critique de législation et de jurisprudence*, numéro de décembre 1871), p. 7 du tirage à part, notice sur laquelle M. Henry Monnier vient, à juste titre, d'appeler de nouveau l'attention.

(2) C'est au professeur qu'il appartient de proportionner l'étendue des développements consacrés à une institution à l'intérêt qu'elle présente au point de vue de l'histoire des idées juridiques. Il est facile de reproduire les plaisanteries d'Ihering, faisant parler un candidat dans *Scherz und Ernst* (Traduction de Meulenaere, *Mélanges.* 1902, III, *Satires et Vérités*, p. 106) : « Malheureusement le deuxième chapitre de la *lex Aquilia* m'avait échappé, je m'embrouillai dans les lois *Atinia, Atilia, Acilia, Aquilia*, je ne distinguai pas assez exactement entre la *lex Furia Caninia* et la *lex Aelia Sentia* sur l'affranchissement des esclaves, et, pour comble, parmi les juristes célèbres ayant prénom d'Antoine, j'en oubliai deux dont l'un était précisément l'un des examinateurs ». Insister sur les différences entre la *lex Furia Caninia* et la *lex Aelia Sentia*, comme s'il s'agissait d'appliquer ces deux lois serait directement contraire à la méthode que nous préconisons ; mais il est impossible de ne pas mettre en lumière l'esprit de la législation d'Auguste, sous l'influence duquel elles furent votées. L'auteur du *Geist des römischen Rechts* l'eût dailleurs reconnu le premier.

et de la procédure ne saurait non plus être négligée, puisque le progrès consista longtemps à imaginer de nouveaux moyens d'agir en justice et qu'il fallut le persévérant effort des jurisconsultes pour dégager de l'action l'idée du droit. Pourquoi enfin n'ajouterais-je pas, au moins en mon nom personnel, que malgré ses dangers, la méthode comparative ne saurait être négligée et que souvent nos coutumes françaises du Moyen-Age, pour nous borner à cet exemple, servent à mieux comprendre l'ancien droit romain (1) ?

Au contraire, les qualités de l'historien n'excluent nullement celles du jurisconsulte. Si, comme le dit M. Cuq (2), la méthode historique sert à « mieux connaître la portée des règles du droit, en les rétablissant dans le milieu pour lequel elles ont été faites », l'historien du droit romain doit, en se plaçant à une époque donnée, déterminer d'une façon précise le sens des termes qu'il rencontre dans les textes et exposer les théories des jurisconsultes classiques, sauf à se garder de leur prêter les siennes.

IV

Ainsi comprise, l'étude de la législation romaine présente d'abord les mêmes avantages que l'histoire générale du droit ; elle en présente ensuite de spéciaux qui sont considérables.

Passons rapidement sur les premiers, puisqu'il serait quelque peu puéril de démontrer dans cette *Revue* l'utilité de l'histoire. Appliquée aux institutions du droit privé, elle élargit l'horizon du jurisconsulte et elle développe son sens critique ; elle jette par

---

(1) M. Charles Appleton, *Le testament romain, la méthode du droit comparé et l'authenticité des XII Tables*, Paris, 1903, nᵒˢ 5 à 10 et nº 28, pp. 26 et suiv., 146 et suiv. ; après avoir mis en lumière avec beaucoup de force les dangers de la méthode comparative appliquée au droit romain termine ainsi sa remarquable étude : « Pour se faire une idée juste des phases initiales et obscures qu'a parcourues un organisme, il faut avant tout demander le secret de son passé à cet organisme lui-même, quand on a la bonne fortune de le connaître arrivé à son complet développement ; l'étude de l'homme fait nous révélera ce que fut l'enfant. Sans doute l'étude des organismes voisins que l'on connaît dans leurs phases primitives peut fournir des renseignements précieux. *Elle est utile à deux titres : elle suggère, elle contrôle* ». Nous ne disons pas autre chose et nous reconnaissons volontiers les dangers de la méthode comparative, sauf à prémunir en même temps les historiens du droit romain contre un péril non moins grave, celui d'attribuer aux jurisconsultes de l'ancienne Rome nos propres conceptions. Que la connaissance de la pratique contemporaine soit indispensable à l'historien du droit, je l'accorde très volontiers ; il convient de partir de l'époque actuelle mais en remontant la chaine des temps et en tenant compte des modifications du milieu social et des idées.

(2) *Revue*. t. XI, 1886, p. 475 et suiv.

surcroît beaucoup de lumière sur le développement des sociétés humaines. Les professeurs de droit romain estiment qu'ils donnent à leurs élèves des notions sociologiques d'une réelle valeur quand ils insistent sur la conception de l'État municipal, sur les caractères de la famille si différente de la nôtre mais d'un si haut intérêt, sur l'esclavage et ses multiples conséquences, la propriété et ses démembrements, la situation des débiteurs vis-à-vis de leurs créanciers et enfin sur cette religion domestique, qui compte encore aujourd'hui parmi ses adhérents la majorité des hommes (1). Ai-je besoin d'ajouter que ces recherches sur les sociétés antiques servent, par voie de comparaison, à faire mieux connaître les sociétés modernes et que d'autre part un administrateur colonial, élevé à l'école du droit romain, comprendra plus aisément et avec plus de sympathie les civilisations de l'Extrême-Orient (2) ?

Si ce premier point paraît acquis, pour quels motifs consacrer un examen particulier et approfondi à notre branche de l'histoire générale du droit ? Ce traitement de faveur se justifie d'abord par le remarquable développement du droit romain qui, à l'époque de Justinien, apparaît comme plus équitable et plus respectueux des droits individuels qu'aucune autre législation de l'antiquité. Cette supériorité incontestable au point de vue du fond tint à des causes multiples. Si les grandes familles romaines cultivèrent le droit de père en fils afin de défendre leurs clients en justice et d'augmenter leur influence politique, s'il y eut des dynasties de jurisconsultes, la forte organisation de la magistrature exerça une influence décisive sur les destinées du droit. Grâce à elle et à une union admirable de l'esprit de tradition et de l'esprit de progrès, le droit prétorien se forma peu à peu à côté du droit civil pendant les cent cinquante dernières années de la République. On appelait ainsi un corps de législation ayant sa source dans les édits des magistrats qui organisaient les instances judiciaires, pour la plus forte part dans ceux du préteur urbain et du préteur pérégrin. Chaque année, avant son entrée en charge, le préteur urbain, un des hommes d'État les plus en vue, sachant qu'il serait jugé sur ses œuvres, exposait dans un édit spécial suivant quels principes il présiderait, sous sa responsabilité, à l'administration de la justice entre citoyens romains, *quae*

---

(1) L'Asie presque tout entière continue à célébrer pieusement les cérémonies du culte des ancêtres.

(2) Comment en outre ne pas donner comme modèle aux administrateurs coloniaux l'admirable politique étrangère du Sénat romain, si souple et si prudente ? Cette politique étrangère se traduisait en règles précises du droit privé.

sit observaturus in jure dicundo, dit Cicéron. Comme le monde politique et le monde judiciaire n'en formaient qu'un, en raison aussi du caractère populaire de la justice et de la très grande diffusion de la science du droit, le magistrat apportait le plus grand soin à la rédaction de son édit, s'entourant au préalable d'un *consilium* d'amis, qui lui apportaient le secours de leurs lumières. Pour mériter des éloges, il devait non seulement conserver les dispositions consacrées par l'expérience et que ses prédécesseurs se transmettaient depuis longtemps, *edicta tralaticia*, mais encore s'efforcer d'attacher son nom à une réforme attendue et désirée, à une mesure nouvelle que ses successeurs s'approprieraient, *edictum novum*. Grâce à cette remarquable institution de *l'edictum perpetuum* et surtout à l'esprit de suite et à la ténacité des Romains, le progrès suivit une marche régulière et sûre, la pratique judiciaire se modela exactement sur les besoins sociaux. Que l'on compare au tribunal athénien des héliastes composé de cinq cents membres le juré romain, *judex unus*, souvent jurisconsulte lui-même, appartenant en tout cas aux classes supérieures, lié enfin par les instructions contenues dans la formule d'action délivrée par le magistrat sous sa responsabilité ! Quand même l'étude du droit romain n'aurait pas d'autre résultat que de faire assister à la formation progressive du droit prétorien, à cette marche en avant toujours prudente mais continue, dirigée par des praticiens de premier ordre, nous verrions là un merveilleux instrument destiné à façonner et à développer l'esprit juridique.

Faisons maintenant un pas de plus et nous allons assister pendant le Haut empire en même temps qu'à l'achèvement de l'œuvre du préteur, à un nouveau mouvement législatif, d'une très haute portée, lui aussi. Alors que la République athénienne comptait moins de cent mille citoyens et que son territoire ne dépassait pas quelques lieues carrées, les Romains surent créer un immense empire, dont l'étendue même exerça une influence considérable sur l'histoire de leur droit. La « paix romaine » eut pour conséquence de développer le commerce international dans des proportions absolument inconnues jusque-là ; or, l'usage commercial constitue un des agents les plus actifs du progrès en matière juridique. Si la création du *jus gentium*, partie du droit romain applicable à la fois aux citoyens, aux latins et aux pérégrins, sujets ou alliés, remontait déjà à l'époque républicaine, son importance s'accrut sous l'empire ; à partir de la fondation du principat et surtout au second et au troisième siècle de l'ère chrétienne, s'accomplit en outre un travail d'assimilation des différentes populations comprises dans les limites de l'empire. Tandis que le domaine d'application du droit romain s'étendit peu à peu, jusqu'au moment où, en l'an 212 après Jésus-Christ, Caracalla accorda la *civitas romana* à toutes les cités latines ou pérégrines, les institutions privées de ces dernières, celles des villes grecques en particulier exercèrent à leur tour de l'influence sur la législation romaine. La transformation de celle-ci, consé-quence de la création d'un vaste empire centralisé s'accomplit par l'intermédiaire des jurisconsultes, spécialement de ceux d'entre eux qui, depuis Hadrien, siégèrent au *Consilium principis*. Leurs efforts aboutirent à donner au droit privé un caractère plus large et plus humain.

Enfin, au Bas empire, le mouvement se continua logiquement dans le même sens, préparant le droit moderne qui alla encore plus loin dans certaines directions. D'autre part, la décadence économi-que et les idées chrétiennes constituèrent des éléments nouveaux, que l'historien des IVe, Ve et VIe siècles ne saurait négliger.

En résumé, les sources du droit romain nous font assister à un développement législatif qui n'a pas été prématurément arrêté mais qui suivant son cours normal a pu arriver jusqu'à son terme. Entre la fondation de Rome et l'achèvement de l'œuvre de Justinien qua-torze siècles s'écoulèrent, près de sept cents ans séparent la loi des XII Tables de la fin du règne d'Alexandre Sévère, tandis qu'il n'y en eut pas trois cents entre les réformes de Solon et la mort de Démosthène.

VI

Si l'histoire du droit romain fut longue et intéressante, nous pos-sédons des documents très nombreux qui nous permettent de l'étu-dier avec fruit dans ses différentes phases, des fragments de la loi des XII Tables, les œuvres de Cicéron, les *Institutiones* de Gaius, les *Regulae* d'Ulpien, les *Sententiae ad filium* de Paul, le Code Théodo-sien presque en entier, toute l'énorme compilation de Justinien, les Basiliques enfin. Au contraire, les sources du droit athénien, fort abondantes sur certains points, absolument taries sur d'autres, se réfèrent à la période de moins d'un siècle pendant laquelle vécurent les grands orateurs, Lysias, Isée, Eschine, Démosthène.

VII

Remarquable au point de vue du fond, le droit romain donna naissance à une abondante littérature, riche en œuvres et riche en

mérites. Les jurisconsultes de Rome, mettant à profit du reste les
doctrines de la philosophie grecque, créèrent une théorie du droit
privé, réduisirent ses règles en un système bien coordonné et l'expo-
sèrent méthodiquement. Parmi leurs livres, d'une très grande
variété, figurent des livres d'enseignement. Comme nous nous ser-
vons encore aujourd'hui des termes juridiques, des définitions,
des classifications dont ils se servaient eux-mêmes, on peut dire
avec vérité que toute la partie technique de notre science a une origine romaine (1). Si les Julien, les Papinien, les Paul, les Ulpien,
mêlés à toutes les grandes affaires de leur temps, hommes d'Etat et
administrateurs, ne sauraient sans injustice être considérés comme
de simples logiciens, la technique précise, la langue concise de l'époque classique constituent des modèles qu'il importe de faire connaître aux étudiants (2). Sans nier l'utilité de l'histoire générale du
droit ni celle de l'histoire du droit français, bien au contraire, nous
affirmons donc que l'étude de la législation romaine présente des
avantages particuliers.

VIII

Cette étude s'impose en outre, ai-je besoin de le dire, à qui veut
connaître le droit français dans ses précédents historiques et dans
son état actuel. Avant la rédaction du Code civil, le droit romain
s'appliquait, à défaut de texte contraire, dans les *pays de droit
écrit* ; comme les Parlements l'avaient modifié en vue de le mettre
en harmonie avec les besoins de la pratique, les sources romaines ne
présentent pas un tableau fidèle de la jurisprudence méridionale à
la fin du xviiie siècle ; mais comment, sans elles, comprendre cette
jurisprudence ? Dans le nord de la France (3), le droit romain, qui
valait seulement comme « raison écrite » exerça néanmoins une très
grande influence sur la formation de la doctrine et de la jurisprudence, de telle sorte que, nous l'avons dit, des théories de premier

(1) « On a remarqué avec raison, dit M. Saleilles, *op. laud*, p. 7 et 8, que
seules les nations ont pu parvenir aux bienfaits de la codification qui se trouvaient y avoir été préparées par l'acquisition d'une technique scientifique
due au droit romain, la France, les peuples latins et aujourd'hui l'Allemagne ».

(2) Ni les *Institutes coutumières*, d'Antoine Loisel, ni l'*Institution au droit
des Français, ou conférence des coutumes de France* de Guy Coquille ne
sauraient, à cet égard, remplacer entre les mains des élèves les *Regulae*
d'Ulpien ou les *Institutes* de Gaïus.

(3) Voyez pour plus de détails, A. Esmein, *Cours élémentaire d'histoire du
droit français*, 4e partie, chap. I, *La coutume et le droit romain*, 3e édition,
p. 717 et 718.

ordre comme celle des obligations, demeuraient à peu près exclusivement romaines. Le droit français tel que l'exposa Pothier (1) au xviiie siècle avec beaucoup d'ampleur et de clarté se rattachait donc pour une forte part à la législation de Justinien. Les auteurs du Code civil s'approprièrent dans son ensemble l'œuvre de Pothier, en la modifiant sur certains points, sous l'influence des idées nouvelles et dès lors ce qui était vrai avant la Révolution ne cessa pas de l'être après la codification accomplie sous le Consulat. Que l'on prenne du reste la table du *Traité élémentaire de Droit civil* de M. Planiol au mot : *Adages* et notamment celle du tome I, dont la troisième édition vient de paraître et l'on appréciera l'importance de la doctrine romaine dans l'enseignement de notre législation contemporaine (2).

IX

Ayant ainsi montré, croyons-nous, quel profit le jurisconsulte tire de l'étude du droit romain, nous ne pouvons que signaler son utilité pour qui veut connaître l'histoire de Rome, de sa langue et de sa lit-

(1) *Traités sur différentes matières de droit civil, appliquées à l'usage du barreau et de jurisprudence française*, par M. Pothier, conseiller au présidial d'Orléans et professeur en droit français à l'Université de la même ville. Si on n'oublie pas que droit civil signifiait droit romain, *Corpus juris civilis* par opposition à *Corpus juris canonici*, le titre prendra toute sa valeur. L'expression « droit français » revient d'ailleurs à chaque instant sous la plume de Pothier. Avant de publier les *Coutumes d'Orléans* et les *Traités* dont nous venons de parler, notre jurisconsulte avait, on le sait, déjà donné au public ses *Pandectæ Justinianeæ in novum ordinem digestæ*, qui parurent en 1748. En raison de l'influence exercée par Pothier sur les auteurs du Code civil, il n'est pas sans intérêt de reproduire un passage de la dédicace faite par Guyot des *Œuvres posthumes* à M. de Miromesnil, garde des sceaux : « Vous vous rappelez, Monseigneur, que M. Pothier fut choisi par l'un de vos plus illustrés prédécesseurs (M. le chancelier d'Aguesseau) pour réaliser le projet conçu depuis longtemps de faire une nouvelle collection des lois romaines, distribuées dans leur ordre naturel et d'en éclaircir le sens par des notes aussi savantes que claires et précises. C'est après avoir exécuté ce projet, d'une manière qui répondait aux vues du chef de la magistrature, qu'il a donné successivement au public un grand nombre de traités sur différentes parties de la jurisprudence, avec d'autant plus de succès qu'il joignait à la connaissance la plus profonde du droit romain, sans laquelle il n'est point de jurisconsulte, celles des ordonnances de nos rois et des coutumes qui forment notre droit français ».

(2) M. H. Lévy-Ullmann, *Programme d'un cours d'introduction au droit civil, Revue trimestrielle de droit civil*, 1903, p. 848, dit très exactement à notre avis : « Et ce ne sera qu'après avoir assisté à ce travail des Romains, *præceptores nostri*, que l'étudiant comprendra tout ce que révèle d'effort d'abstraction latent, virtuel le moindre des mots nouveaux qu'il est destiné à employer ».

térature ; la science du droit jouait dans la société romaine un rôle si considérable, que même les profanes se servaient des expressions techniques d'une façon correcte (1).

Si maintenant nous passons au Moyen Age, et si même nous négligeons les destinées de la législation byzantine en Orient (2), comment ne pas reconnaître l'influence exercée pendant tant de siècles sur la pensée humaine par la législation de Justinien, comment comprendre sans elle l'histoire du droit public (3), celle de l'Eglise, celle des universités et de la philosophie scolastique (4).

Après la Réforme, Hugo Grotius (5), créa le droit des gens moderne, le droit international public, en mettant à profit la doctrine du droit naturel toujours vivante depuis le Moyen Age et les textes

(1) Je me borne à renvoyer pour les détails à l'article cité de M. C. Appleton, p. 271.

(2) « Telle a été dans l'histoire l'influence de ce droit (le droit romain), dit M. A. Esmein, *La licence en droit et le droit romain*, p. 390, qu'il a même pénétré dans un grand système juridique qui paraît étranger à la civilisation occidentale, je veux parler du droit musulman, issu du Coran et de la tradition religieuse. Les travaux de la critique moderne y montrent sur bien des points le droit romain reconnaissable et accepté ».

(3) « C'est de la première renaissance du droit romain que sort ce long travail qui reconstitue les droits de l'Etat dans l'Europe occidentale », dit M. A. Esmein, *La licence en droit et le droit romain*, p. 390.

(4) Voyez une communication sur *la continuité du droit naturel* faite par sir Frédéric Pollock, professeur de droit à l'Université d'Oxford au *Congrès d'histoire comparée* de 1900 (*Annales internationales d'histoire*). *Congrès* de Paris 1900, 2ᵉ section, *Histoire comparée des institutions et du droit*, Paris, 1902, p. 109 et suiv. : « Du xıᵉ au xııᵉ siècle, on voit cette première renaissance du monde latinisé dont l'importance est trop souvent négligée. On lit Virgile, Ovide, Cicéron : on lira bientôt Aristote dans la traduction latine d'une fidélité intransigeante, qui sera faite par les soins de saint Thomas d'Aquin. On fait l'étude du droit romain dans le texte même du *Corpus Juris*. Donc le droit naturel se présente avec une triple autorité, Aristote, Cicéron, Justinien. Quant à ce dernier, notez que pour le moyen âge, le *Corpus Juris* n'est pas un recueil historique, mais le décret d'un empereur orthodoxe. En face de cette autorité, l'Eglise qui a déjà ses lois à elle, doit prendre un parti. Impossible de supprimer ou d'ignorer le droit naturel. Reste le moyen d'en faire un allié puissant en l'adoptant franchement. C'est ce que l'Eglise a fait au xııᵉ siècle, dans la personne de Gratien ou de celui qui l'a inspiré ». Le même auteur ajoute plus loin, p. 112 : « A partir de saint Thomas d'Aquin, qui a fait une place importante au droit naturel dans la *Summa*, jusqu'à la Renaissance, ce droit est un système formel et suivi, la terminologie est bien arrêtée ».

(5) A propos du livre de Grotius, sir Henry Sumner Maine, *Le droit romain et l'éducation juridique*, dans *Etudes sur l'histoire du droit*, traduction française de M. de Kerallain, p. 374, signale l'emploi dans chaque paragraphe : « d'une phraséologie technique et de modes de raisonnement qui doivent parfois dissimuler le sens, et presque toujours la force et l'à-propos de l'argument, pour un lecteur peu familier avec les sources (romaines) dont ils dérivent. » M. A. Esmein, dans l'article cité, p. 390 dit de même : « Grotius, Puffendorf, Wolf, sont tout imprégnés de droit romain » et il montre l'influence exercée par eux sur Rousseau et Mably.

du *Corpus juris* sur le *jus naturale* et le *jus gentium*. Enfin sir Henry Sumner Maine (1) constate, avec quelque exagération peut-être, que : « pendant près de deux siècles (à compter de la même époque) les discussions de philosophie morale ne se sont poursuivies sur le continent que dans la langue et suivant les modes de raisonnement propres au droit romain ».

X

La science du droit romain compte déjà plusieurs renaissances, celle du xiie siècle en Italie, celle du xvie en France, celle du xixe en Allemagne ; celle-ci qui dure toujours a été, dit M. Edouard Lambert : « plus accentuée, plus féconde encore » (2) que la précédente et, sans nulle exagération, M. Audibert a pu parler à son propos de « développement splendide » (3). Grâce à la découverte de nouveaux textes et à une critique pénétrante et méthodique des sources anciennes, de grands progrès ont été réalisés dans la connaissance de l'histoire du droit privé, s'il en reste beaucoup à faire (4). Le vote d'un Code civil d'Empire semble, à la vérité, avoir apporté quelque trouble, au moins momentané, dans les recherches scientifiques consacrées au droit romain. La réorganisation des étu-

(1) *Op. laud.*, p. 372. Nous nous permettons d'appeler l'attention sur la très grande importance attachée au droit romain par cet éminent jurisconsulte anglais, ancien membre du gouvernement de l'Inde, grand maître du collège de Trinity-Hall (Université de Cambridge).

(2) *La fonction du droit comparé*, p. 71.

(3) Compte rendu de Otto Lenel, *Essai de reconstitution de l'Edit perpétuel*, ouvrage traduit en français par M. F. Peltier, t. I, Paris, 1901 (*Nouv. Revue hist. du droit*, t. XXV, 1901, p. 643 : « Est-ce donc maintenant, après un siècle de développement splendide, au milieu même des nouveaux progrès accomplis depuis une vingtaine d'années par une critique de plus en plus aiguisée, que la science allemande du droit romain va subitement décliner ? Ce serait un résultat regrettable de la promulgation du nouveau Code... ».

(4) Comparez deux articles de M. P. F. Girard, *L'épigraphie latine et le droit romain* et *L'étude des sources du droit romain*, dans cette *Revue*, numéros du 15 septembre 1889 et du 15 juin 1890. M. Henry Monnier dans sa *notice nécrologique* sur M. Calixte Accarias (*Revue critique de législation et de jurisprudence*, année 1903) dit de même p. 10 du tirage à part : « On s'attache aujourd'hui avec plus de soin et de succès à décrire la genèse des idées dont l'épanouissement marque la période classique. On distingue mieux l'apport de chaque siècle, les tendances des écoles, les opinions individuelles. L'édit prétorien est plus connu, la procédure aussi... Enfin, la chasse aux interpolations, un peu abandonnée et discréditée après Antoine Favre, reprise avec ardeur aujourd'hui, a fait rejeter jusqu'au vi^e siècle des décisions et même d'importantes théories qu'on attribuait communément, il y a quelque vingt ans, aux juristes classiques ».

dès de droit s'imposait ; elle s'accomplit sans sacrifier les intérêts légitimes de l'enseignement historique, puisque dans le nouveau régime figurent deux cours, un cours d'histoire du droit romain et un cours ayant pour titre : système du droit privé romain (1). Seulement, symptôme qui inquiéta les amis de nos études, on vit les romanistes les plus célèbres se consacrer en fait presque exclusivement au commentaire du Code civil. Dans la plupart des universités les mêmes hommes furent chargés de l'enseignement du droit romain et de celui de la législation nouvelle. La *Minerva* cite leurs noms en les faisant suivre de la mention suivante : *Rœmisches und deutsches bürgerliches Recht* (2). Or, dit M. Audibert (3), reproduisant, soit dans son texte même, soit en le traduisant librement un passage d'un article de M. Otto Lenel (4), il y a là deux champs d'étude dont chacun réclame des travailleurs spéciaux : *das bürgerliche Recht fordert seinen Mann und das rœmische den seinen.* « Ils ne sont pas nombreux ceux qui seraient capables de les explorer tous deux avec un égal succès, de manière à n'être pas plus embarrassés par les difficultés de la loi relative aux livres fonciers que par celles des *papyri* égyptiens ». Souhaitons que cette situation ne se prolonge pas (5); car nous ne considérons pas comme constituant une garantie suffisante pour l'avenir les exercices exégétiques sur les textes romains, qui se répandent de plus en plus dans les universités allemandes, sur lesquels M. J. Duquesne appelait déjà l'attention (6) et que vient de

(1) Voyez sur ce point une lettre de M. Georges Blondel, si compétent en ces matières, dans cette *Revue*, t. XXXIV, p. 439 et suiv. et une étude très approfondie et très remarquable de M. Joseph Duquesne, *L'organisation des études de droit en Allemagne, à la suite du vote d'un Code civil d'Empire*, dans cette *Revue*, t. XLV, pp. 232 et suiv., 322 et suiv., et tirage à part, Paris 1903, spécialement p. 16, 17. Indépendamment des deux cours d'histoire du droit romain et de système du droit privé romain, tantôt séparés, tantôt confiés au même professeur, il arrive assez souvent que la procédure civile fasse l'objet d'un cours public d'une heure par semaine.

(2) Cependant il n'en est pas de même dans toutes les universités.

(3) *Nouv. Rev. histor. du droit*, t. XXVII, 1903, p. 878.

(4) Appendice à son étude sur le *Nexum, Zeitschrift der Savigny Stiftung für Rechtsgeschichte*, R. A., t. XXIII, 1902, p. 100 et 101.

(5) La séparation des deux domaines, celui du droit romain et celui du droit moderne nous paraît déjà assez avancée à l'université de Leipzig. M. J. Duquesne nous apprend du reste que cette université a maintenu un cours de *Pandectes*, permettant au professeur de système du droit romain de s'arrêter à la législation de Justinien et de ne pas tenir compte du *Droit romain actuel*, tandis que dans les autres universités ce professeur conduit les élèves jusqu'au vote du Code civil allemand.

(6) *Op. cit.*, p. 21. Ces exercices exégétiques, en général élémentaires ne doivent pas être confondus avec les travaux de séminaires. Voyez sur ces derniers travaux J. Duquesne, *op. cit.*, p. 22.

signaler de nouveau M. H. Erman (1). Nous devons en tout cas reconnaître que jusqu'à présent rien ne révèle un affaiblissement des études d'histoire du droit romain, bien au contraire (2).

Rien ne le révèle non plus en Autriche-Hongrie où des professeurs distincts enseignent le droit romain d'une part (3), le droit autrichien ou hongrois de l'autre. Si la situation paraît également s'être maintenue à peu près la même, à notre point de vue, en Suisse, en Suède en Belgique, en Hollande, en Ecosse, en Espagne et en Portugal, un très large développement de l'enseignement du droit romain doit être signalé pour ces dernières années en Italie, en Russie, en Angleterre, sans parler des Etats-Unis d'Amérique où il commence à s'implanter.

L'Italie contemporaine apporte aux études de droit romain une patriotique ardeur. Son gouvernement publie la reproduction photographique du vénérable manuscrit des Pandectes florentines ; son enseignement universitaire comprend des cours très variés (histoire du droit romain, institutes ou cours élémentaire, droit romain ou cours approfondi, exegèse des sources juridiques romaines, correspondant à notre cours de Pandectes). Son école de romanistes qui publie plusieurs revues spéciales vient à la vérité de perdre après F. Serafini et J. Alibrandi l'éminent et regretté C. Ferrini ; mais, si j'en juge par le nombre considérable de *liberi*

(1) *Revue générale du droit*, t. XXVII, 1903, p. 164-167. Il importe d'ailleurs de constater avec M. J. Duquesne, *op. cit.*, p. 17, note 4 *in f.* que « les exigences des examens au point de vue du droit romain sont plus grandes que les ressources offertes par les cours. Les étudiants allemands ont presque toujours lors de leur premier examen de droit à traduire et à commenter soit par écrit soit oralement un texte quelconque du *Corpus juris civilis*. Le texte choisi est ordinairement facile. Mais, même avec ce correctif, cette épreuve suppose en général chez l'étudiant des connaissances supérieures à celles qu'il a pu acquérir dans les cours ». Pour apprécier sainement l'importance de l'enseignement du droit romain on doit aussi tenir compte de l'initiative des universités allemandes qui créent de temps en temps des cours spéciaux sur certaines matières et enfin du nombre d'heures consacré à chaque cours.

(2) Le danger viendra peut-être du côté des éditeurs. Les historiens du droit se montreraient en effet très ingrats en oubliant que seule l'existence du *droit romain actuel* permit la publication de l'énorme collection des Pandectes de Glück, qui comprend des œuvres d'une grande valeur scientifique et historique, parmi lesquelles je me bornerai à citer entre beaucoup d'autres les nombreux volumes publiés sur les interdits par Ubbelohde.

(3) A Vienne, deux professeurs titulaires et trois *Privat-dozenten* ; un de ces derniers enseigne en même temps le droit commercial ; à Buda-Pest, deux professeurs titulaires, un professeur extraordinaire, un *Privat-dozent*. Pour les universités austro-hongroises je renvoie à la *Minerva*.

docenti (1) consacrés à notre science, celle-ci attire de plus en plus les jeunes générations de travailleurs (2).

Si la passion avec laquelle les jurisconsultes italiens actuels étudient le droit romain peut s'expliquer par le culte du grand passé de Rome, la valeur propre de notre discipline justifie son succès croissant en Russie, en Angleterre et aux Etats-Unis. Ce succès est très net et ne saurait être nié ; pour le constater il suffit, même si on est pas au courant de cette branche spéciale de la littérature juridique (3), de rapprocher l'un de l'autre les tomes de la *Minerva* (4) qui, d'une année à l'autre, attestent le nombre croissant des professeurs titulaires, des professeurs extraordinaires et des *Privat-Dozenten* (5). Qu'il soit donc bien entendu que, loin de diminuer dans le monde civilisé, le crédit du droit romain augmente d'une façon notable, paradoxe pour quelques-uns peut-être, vérité certaine néanmoins.

En France, le décret du 24 juillet 1889, qui règle aujourd'hui l'organisation des études conduisant à la licence en droit adopta un

(1) Sept à Naples en 1904, six à Rome sans compter les cours d'exégèse des sources juridiques romaines et de droit romain, faits par le professeur d'histoire du droit italien, M. F. Schupfer, ni celui que consacre à l'exégèse des Pandectes M. V. Scialoja, professeur de droit romain.

(2) On trouvera des renseignements très intéressants sur l'état actuel de l'enseignement du droit romain en Italie dans une brochure récente de M. Giovanni Baviera, *L'insegnamento della storia del diritto romano nella universita*, Palerme, 1903, spécialement p. 8. Du même auteur, *Importanza odierna del diritto romano e suo methodo di studio e d'insegnamento*, Palerme, 1900.

(3) La littérature du droit romain commence à être abondante en Angleterre. Bornons-nous à signaler l'ouvrage récemment paru du professeur de l'université d'Oxford, M. H. J. Roby, *Roman private Law in the times of Cicero and in the times of the Antonines*, Cambridge, 1902, 2 vol.

(4) Pour les Etats-Unis, la *Minerva* met seulement en principe en face du nom du professeur : *Rechtswissenschaft* et cela tient à ce que les universités américaines ne se divisent pas en Facultés, cependant on pourrait relever un certain nombre de chaires spéciales de droit romain, récemment créées. Je signale en outre dès 1866 dans la *Law School of the University of the City of New-York*, un cours intitulé *Principles of legal classification*, et confié au professeur Pomeroy. Le programme s'exprime de la façon suivante : « This course is devoted to a comparison of the systems of classification adopted by the Roman lawyers, by the modern European Jurists, and by the English text-writers. »

(5) Quatre à Saint-Pétersbourg en 1904, sans compter deux professeurs titulaires. Avec quelque arrière-pensée politique, peut-être, le gouvernement russe a depuis quelques années encouragé nos études d'une façon considérable, par l'envoi à Berlin de jeunes savants, par la création de chaires nouvelles. Les romanistes russes dont plusieurs sont déjà fort connus dans l'Europe occidentale se placent du reste à un point de vue exclusivement scientifique et historique. L'école russe pourrait jouer un rôle particulièrement utile en comparant le droit romain ancien avec les coutumes primitives.

système transactionnel entre celui de la loi du 22 ventôse-2 germinal an XII (13 mars 1804) fixant à l'enseignement du droit romain la durée d'une année (1) et celui de l'arrêté du 4 février 1853 qui lui en attribuait deux (2). Cette idée de transaction domina tout le débat au sein de la commission, M. Accarias le déclare dans son rapport de la façon la plus nette et ce fut afin de réserver une place à d'autres disciplines, qu'elle enleva un semestre au droit romain. Tandis que le décret du 24 juillet 1889 laissait aux professeurs de droit romain la liberté complète de leur programme, liberté réclamée par eux depuis longtemps, dont ils usaient en fait pour la plupart, un nouveau décret du 30 avril 1895 fait porter le cours de première année sur une exposition d'ensemble de l'histoire du droit privé des Romains, et celui du premier semestre de la seconde année sur un sujet spécial choisi par le professeur. Dans la pratique, ce second cours a le plus souvent pour objet la théorie des obligations, en raison de sa grande importance. Sans négliger le point de vue historique, le professeur peut exposer avec quelque ampleur, dans la mesure du temps dont il dispose, les théories des jurisconsultes classiques sur cette partie capitale du droit privé (3).

(1) Sans compter que l'enseignement de première année portant sur le droit civil français et le droit romain, au lieu d'avoir pour objet cinq matières distinctes comme aujourd'hui, notre discipline avait une importance relative considérable, il ne faut pas oublier l'existence des cours de Pandectes, quand on veut se rendre compte de l'état des Facultés françaises pendant la première moitié du xix⁰ siècle. Un arrêté du 1ᵉʳ octobre 1822 laissait le choix aux étudiants de troisième année de la Faculté de droit de Paris entre le cours de Code de commerce et celui des Pandectes ; quelques jours auparavant une ordonnance royale du 28 septembre inspirée du même esprit créait à la fois à la Faculté de Toulouse une chaire de Code commercial *(sic)* et une chaire de Pandectes. Si cette singulière conception ne fit pas fortune, les élèves studieux suivaient déjà en fait le cours de Pandectes, avant d'être reçus licenciés. Un romaniste éminent, C. A. Pellat, titulaire de la chaire de Pandectes de la Faculté de Paris depuis 1829, exerça une influence décisive sur la formation des professeurs de droit romain et des professeurs de droit civil français de la seconde moitié du xix⁰ siècle.

(2) Cet arrêté ministériel signé de M. Fortoul supprimait en même temps l'enseignement spécial des Pandectes, ne laissant subsister aucun cours de droit romain pour les aspirants au doctorat.

(3) Chaque cours de licence comporte trois leçons d'une heure par semaine. Indépendamment des cours, pendant la présente année scolaire, à Paris, nos collègues M. P. F. Girard et Gaston May font chacun une *conférence de droit romain* aux élèves de première année. Ces conférences ne doivent pas s'éloigner beaucoup des *exercices pratiques*, des *exercices pour débutants* qui se répandent de plus en plus dans les Universités allemandes, nous l'avons vu. Deux docteurs, MM. Pallu de Lessert et Paul Thomas sont chargés des *conférences de droit romain* pour les élèves de seconde année. Ces conférences existent d'ailleurs également dans les autres Facultés.

L'enseignement spécial pour le doctorat (1) comprend un *cours de Pandectes* qui, supprimé en 1853, ne tarda pas à reparaître et qui est devenu aujourd'hui, dans la plupart des Facultés, un cours approfondi d'histoire d'une institution du droit privé (2), sans cesser d'être en même temps un cours d'exégèse des sources juridiques romaines (3). Le professeur fait la critique des textes en même temps qu'il les explique et met les élèves au courant des méthodes nouvelles qui ont, dans ces dernières années, renouvelé la science sur beaucoup de points (4).

XI

Que la réorganisation récente de l'enseignement secondaire ne doive pas entraîner un affaiblissement d'études qui ne furent jamais plus florissantes (5), nous jugeons inutile de l'établir de nouveau après la démonstration faite par M. Esmein. A la vérité, les bache-

(1) Nous ne parlons, bien entendu, que du doctorat, sciences juridiques. Indépendamment du cours de Pandectes, signalons à la Faculté de Lyon, un cours d'*Epigraphie juridique*, à la Faculté de Paris un cours que suivent en même temps les meilleurs élèves de seconde année mais qui est spécialement destiné aux aspirants au doctorat. Ce cours annuel comme le cours de Pandectes et comportant comme lui deux leçons d'une heure par semaine porte, non pas toujours mais le plus souvent, sur l'histoire de la procédure civile des Romains. Signalons à la même Faculté l'existence d'une chaire d'histoire du droit public romain. Nos collègues des Facultés de l'Etat et des Facultés libres voudront bien nous pardonner nos omissions.

(2) Voyez les sujets de ces cours pour 1903-1904 dans la *Nouvelle Revue historique du droit*, n° de novembre-décembre 1903.

(3) C'est là son caractère essentiel. Nous partageons tout à fait l'avis de M. P. F. Girard, *Cours de Pandectes. Leçon d'ouverture du cours fait à la Faculté de droit de Paris pendant l'année scolaire 1902-1903* (Voyez cette *Revue*, année 1903) et tirage à part. Ce que nous voulons dire simplement c'est que, même dans le cours de Pandectes, le professeur emploie la méthode historique.

(4) Pendant la présente année scolaire à Paris, M. Gaston May fait une *conférence de droit romain* pour les candidats au doctorat; une autre conférence est confiée à un docteur M. G. Aron. Signalons enfin la *conférence* destinée aux candidats à l'agrégation d'histoire du droit que dirige M. Audibert, indépendamment de son *séminaire de droit romain*.

(5) On insiste quelquefois avec malice sur le petit nombre des thèses de doctorat consacrées au droit romain. En 1903, sur huit thèses récompensées par des prix à la Faculté de Paris, il y en avait une ayant pour objet *L. Salvius Julianus, son œuvre, ses doctrines sur la personnalité juridique*, tandis qu'une autre traitait des *Leges perfectæ, imperfectæ, minus quam perfectæ*. Si d'ailleurs des travaux d'érudition comme ceux-là ne peuvent être entrepris que par les candidats à l'agrégation d'histoire du droit (deux places tous les deux ans) et par quelques autres amis des études historiques, il n'en résulte pas que pour former des jurisconsultes, on puisse négliger le droit romain.

liers *langues vivantes-sciences*. qui ne sauront pas de latin pourront désormais entrer dans nos Facultés de droit ; mais les candidats malheureux aux grandes écoles, Polytechnique, Saint-Cyr, Centrale qui constitueront à peu près exclusivement cette nouvelle clientèle obtenaient en fait sans difficulté, dans ces dernières années, la dispense du baccalauréat *lettres-philosophie*. Si donc la composition de nos auditoires ne paraît pas destinée à se modifier d'une façon sensible(1), les éléments du problème à résoudre demeurent aujourd'hui ce qu'ils étaient hier.

Reste le vote imminent de la loi qui, imposant à nos étudiants deux ans de service militaire, les contraindra, dit-on, à renoncer, pour la plupart, à obtenir le grade de docteur et fera disparaître ces enseignements nouveaux qui constituent pour nos universités un honneur et une parure : histoire du droit privé français, histoire du droit public français, (2) droit civil comparé, principes du droit public, droit constitutionnel comparé, droit international public (3), science financière, histoire des doctrines économiques, législation et économie industrielle, législation et économie rurale, législation et économie coloniale (4).

Pour sauver ces enseignements, dont on ne saurait nier la très haute importance au point de vue scientifique et au point de vue social et dont la disparition constituerait un véritable malheur, certains proposent de les comprendre dans le cadre de la licence en droit, grâce à des options réservées aux étudiants. Le cours de droit romain de seconde année, pour ne parler que de lui, se transformerait de cours obligatoire en cours facultatif.

Les Facultés ne doivent pas, à notre avis, abandonner d'avance la lutte et renoncer à conserver les enseignements, dont il s'agit, avec leur caractère actuel, qu'il convient de ne pas perdre de vue ; elles ne doivent pas non plus se résigner à voir disparaître ces thèses de doctorat sur les sujets les plus variés, dont il est aisé de médire

---

(1) Comme l'a dit avec raison M. Esmein : « Un jeune homme intelligent pourra facilement et promptement apprendre ce qu'il faut savoir de latin pour comprendre les textes juridiques ; leur seule difficulté consiste dans les termes techniques qu'ils contiennent, et ceux-là c'est seulement à la Faculté de droit qu'on en fait connaître le sens ». Ici encore, bien entendu, il faut distinguer entre le futur romaniste et celui qui demande au droit romain le développement des qualités maîtresses du jurisconsulte.

(2) Il existe en première année un cours semestriel d'histoire générale du droit français, public et privé.

(3) Les étudiants de seconde année suivent un cours semestriel de droit international public.

(4) Indépendamment de ceux-là, certaines Facultés et en particulier celle de Paris ont organisé plusieurs autres cours spéciaux pour le doctorat.

mais dont beaucoup contribuent aux progrès de la science du droit et des sciences politiques et économiques. Pour nous borner à un exemple, nos jeunes docteurs se consacrent de plus en plus à l'histoire des institutions de leur province ; il y a là un sérieux mouvement scientifique.

Comme le doctorat comporte seulement quatre inscriptions, une scolarité d'un an par conséquent, il suffirait, croyons-nous, de supprimer toute entrave relativement aux programmes des cours spéciaux et à l'époque des examens, pour permettre aux bons étudiants de licence de s'y préparer d'avance de façon à diminuer en fait la durée de leurs études ; peut-être même, dans ces conditions, certaines Facultés se verraient-elles contraintes d'accorder des dispenses d'assiduité aux cours en moins grand nombre qu'aujourd'hui (1).

Quoi qu'il en soit, les enseignements spéciaux du doctorat sont trop nombreux pour conserver l'espoir de les sauver par la méthode proposée ; on n'obtiendrait pas, croyons-nous, d'autres résultats que de désorganiser la licence, de compromettre le bon recrutement des carrières judiciaires et d'engager par là, dans une large mesure, la responsabilité des Facultés de droit vis à-vis du pays.

L'expérience a enfin démontré que l'enseignement du droit romain, dont nous avons essayé d'établir l'utilité ne se donnerait pas avec fruit dans une seule année ; aujourd'hui le professeur renvoie au troisième semestre la théorie capitale des obligations ; c'est à ce moment qu'il développe les doctrines des jurisconsultes romains devant les élèves qui suivent le cours de droit civil français, consacré à la même matière. Des observations répétées et concluantes ne laissent aucun doute sur la remarquable efficacité de cette méthode ; elle est éminemment propre à façonner et à développer l'esprit juridique. S'il en est ainsi et si dans une société démocratique la bonne administration de la justice importe au plus haut point, de futurs magistrats, de futurs avocats ne sauraient se soustraire à l'obligation de se livrer à des études essentielles et les remplacer par d'autres qui n'offriraient pas les mêmes garanties.

E. Jobbé-Duval
Professeur à la Faculté de droit
de l'Université de Paris.

(1) Peut-être aussi les universités pourraient-elles délivrer, sous leur responsabilité, des *certificats d'études politiques, économiques, historiques,* qui viendraient s'ajouter à la licence en droit.

www.ingramcontent.com/pod-product-compliance
Ingram Content Group UK Ltd.
Pitfield, Milton Keynes, MK11 3LW, UK
UKHW020031080726
13614UKWH00004B/1684